我猜你不知道

机器也会喵喵叫

〔法〕阿尔夫·鲍勃 著/绘
常悦 译

GUANGXI NORMAL UNIVERSITY PRESS
广西师范大学出版社
·桂林·

JIQI YE HUI MIAOMIAO JIAO

机器也会喵喵叫

出版统筹：汤文辉　　责任编辑：宋婷婷
品牌总监：张少敏　　美术编辑：刘淑媛
质量总监：李茂军　　营销编辑：赵　迪
版权联络：郭晓晨　张立飞
责任技编：郭　鹏

著作权合同登记号桂图登字：20-2024-019 号

图书在版编目（CIP）数据

我猜你不知道. 机器也会喵喵叫 /（法）阿尔夫 • 鲍勃著、绘 ；常悦译. -- 桂林：广西师范大学出版社，2024.6
（神秘岛. 奇趣探索号）
ISBN 978-7-5598-6890-9

Ⅰ. ①我… Ⅱ. ①阿… ②常… Ⅲ. ①科学知识－青少年读物②创造发明－青少年读物 Ⅳ. ①Z228.2②G305-49

中国国家版本馆 CIP 数据核字（2024）第 075492 号

广西师范大学出版社出版发行
（广西桂林市五里店路 9 号　邮政编码：541004
网址：http://www.bbtpress.com）
出版人：黄轩庄
全国新华书店经销
北京博海升彩色印刷有限公司印刷
（北京市通州区金桥科技产业基地环宇路 6 号　邮政编码：100076）
开本：889 mm × 1 280 mm　1/24
印张：14.5　　字数：100 千
2024 年 6 月第 1 版　　2024 年 6 月第 1 次印刷
定价：145.00 元（全 3 册）

嗯，关于发明，我可以跟你说好几个小时。比如，我最喜欢的发明——薯条！是一个天才的大脑发明了它……啊！有人告诉我，我不能花太多时间在这里谈论它。好吧，那就以后有机会再说薯条吧！现在，我将向你们介绍**66项伟大的发明**，它们有的非常古老，有的最近才诞生，它们可能早已存在于人们的日常生活中，也可能正逐渐改变人们的日常生活。它们都有一个共同点——无论在发明它们的时代，还是在今天，都让人赞叹不已！

阿尔夫·鲍勃

目录

20世纪初

滑板车

虽然不清楚是谁发明了滑板车，但它在20世纪初就已经出现了。滑板车最开始是富人家庭的一种木制玩具（后面有两个轮子，前面有一个轮子），到了20世纪50年代发展为一种交通工具。后来，滑板车逐渐没落。直到20世纪90年代末，瑞士的维姆·欧博特发明了一种可折叠的铝制滑板车，既轻便又实用，滑板车得以重新流行起来！

真的！我没开玩笑！在我的时代，成年人会用滑板车作为上下班的通勤工具！
如果现在的孩子穿越到20世纪初……

100%错误的信息：古登堡的猫知道如何使用活字印刷术。

1440年

金属活字印刷术

早在2世纪，中国人就开始在织物上印染文字和图案。大约7世纪，亚洲出现采用雕版（木版）印刷的作品。从11世纪开始，中国人使用一个个活字进行排版和印刷。之后在欧洲，德国人约翰·古登堡于1440年发明了金属活字印刷术，这项技术使得书籍的流通数量暴增！

1954年

太阳能电池

1839年，法国物理学家埃德蒙·贝克雷尔发现某些金属在太阳的作用下可以产生电能，从而发现了光伏能源。然后他到处进行实验，试图开发这种能源，但均以失败告终。直到1954年，美国三位研究人员才制造出第一块具有实用价值的太阳能电池。之后，空间技术使光伏能源得到发展，因为大多数卫星都采用太阳能电池供电。1974年，第一座完全由太阳能供电的建筑在美国建成，它证明了这种纯生态能源的可靠性。随着太阳能电池技术的发展，其成本不断降低，在普通民众的家里变得常见起来。

好吧，我发现了，被太阳晒过的金属长椅会带电！
而且，它也会灼伤我的屁股，太可怕了！

2019年

鸽子背包

英国伯明翰大学的研究人员提出给信鸽配备小型、微型或者超轻型背包的想法。有了这种背包，他们不需要亲自到现场勘察，就可以收集目标地点的温度、湿度数据，还可以收集城市地区污染方面的数据。

2012年

手电筒拖鞋

晚上起床的时候，打开灯就会打扰其他人的睡眠。为了避免这种情况的发生，尼古拉·博斯基耶在2012年发明了一种会发光的拖鞋。这种拖鞋的头部安装了一个微型电子二极管，在脚后跟碰到鞋底的一瞬间，二极管就会发光，能照亮前方7米的空间。另外，这种拖鞋的鞋底是防滑的，很安全！非常适合夜间偶尔起床小便的人。

发明电话的专利？哦，对不起，贝尔先生刚刚已经申请成功了。
你应该打电话申请的，这样会更快一点儿……
哦，好吧，我们不开玩笑了！

1876年

电话

苏格兰–美利坚发明家格拉汉姆·贝尔移居美国后，决定研究一种不用面对面、用嘴巴和耳朵就能进行远程交流的通信工具，这种工具可以通过金属的振动将声波转化为电流，再将电流还原成声波。1876年3月，贝尔为自己的电话系统申请了专利。几乎同一时间，以利沙·格雷也申请了电话的发明专利，但比贝尔晚了几个小时。经过十余年的诉讼，贝尔被公认为电话的发明者！

太太，有个好消息！疫苗有效，您的儿子很安全！
好吧，不过，看来有点儿轻微的副作用。

1796年

天花疫苗

18世纪，一种可致死的传染病——天花在欧洲肆虐。英国医生爱德华·詹纳发现，长过牛痘的挤奶工都不会被天花感染。对奶牛来说，长牛痘很严重，但人类感染牛痘只会产生轻微的不适。1796年，爱德华决定从一名感染牛痘的挤奶工身上取出少量脓液，注入一个孩子体内，使这个孩子感染牛痘。等牛痘痊愈后，爱德华又给这个孩子种天花痘。结果，这孩子并没有感染天花。这标志着天花疫苗的诞生！

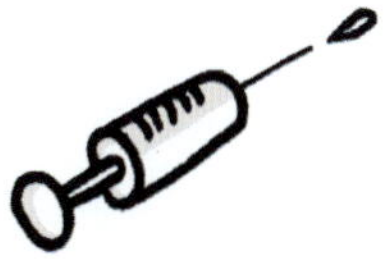

1886年

汽车

1769年，法国工程师约瑟夫·居纽制造出世界上第一辆不用动物牵引的车，被称为“蒸汽马车”。它是一辆三轮车，在车的前面装有一个蒸汽锅炉来驱动，时速可达到4千米。1886年，德国人卡尔·本茨发明了以石油为燃料的内燃机，装上内燃机的三轮车时速达到15千米，被认为是第一辆真正意义上的汽车。

到了1891年，第一批配备内燃机的汽车开始销售。随着汽车工业的发展，汽车生产技术也越来越先进，汽车开始销往世界各地，成为人们出行的主要交通工具，但同时也对环境造成了很大污染。

嗯，闻起来好好吃！
你的燃料是什么味道的？
草莓味的，
你的呢？
信息
100%
错误
（但我们希望
这是真的！）
很快，所有的燃料都将变成无烟无污染的！

1963年

机器也会喵喵叫

这是日本发明的一种机器，它可以模仿猫的声音，每分钟叫10次，目的是吓跑啮齿类动物。但我还是想问：“养一只真猫不是更简单吗？”

2013年

人造肉（合成肉）

研究人员从牛或鸡身上提取干细胞，然后在实验室中培养，成功地制造出人造肉。虽然人们对于人造肉的质地和味道褒贬不一，但它带来的进步意义是毋庸置疑的。如果人造肉可以替代天然肉，就可以有效避免动物在规模养殖中长期处于恶劣的生存环境的问题，让动物摆脱长大就被屠宰的命运！

1938年

圆珠笔

1938年，匈牙利记者拉迪斯洛·比罗看孩子们玩弹珠时，他注意到，当弹珠从一滩水中滚过后，会在身后留下一条湿漉漉的痕迹。这给了他一个启发：在钢笔的笔尖上加一个小圆珠。这个灵感早在1888年就已经由一位美国制革商付诸实践了。但他发明的圆珠笔只适合在皮革等表面粗糙的材质上书写，在纸上反而表现不佳。比罗委托自己的弟弟发明了新型的圆珠笔。新型的圆珠笔给世界带来了革命性的变化。与钢笔不同，圆珠笔的墨水能在纸上瞬间变干，而且整理收纳起来很方便，价格也更便宜。最重要的是它还可以当作吹管，这一点征服了全世界的孩童！

哇，你的吹管好厉害！
谢谢！这是圆珠笔，我们用它可以把橡皮屑和纸球吹出约5米远。
另外，我们还能用它来写字。

1834年

计算机

1834年，英国数学家查尔斯·巴贝奇设计了一种计算机，该计算机使用穿孔卡片来接收指令和数据，执行加、减、乘、除四种运算。不过，由于缺乏资金支持，该计算机的制造以失败告终。1991年，在巴贝奇200周年诞辰之际，伦敦科学博物馆将它成功制造出来，并发现它确实可以实现计算功能。因此，这台计算机被认为是现代计算机的祖先。

1941年，德国人康拉德·楚泽设计出第一台可编程计算机Z-3，它能在4秒内完成乘法运算。1946年，第一台现代电子计算机埃尼阿克（ENIAC）诞生，它占地超过160平方米！1946年，埃尼阿克能够记住20 000个单词。在1981年，IBM最终推出了第一台个人计算机。而我们现在所说的“电脑”一般都是指个人计算机。

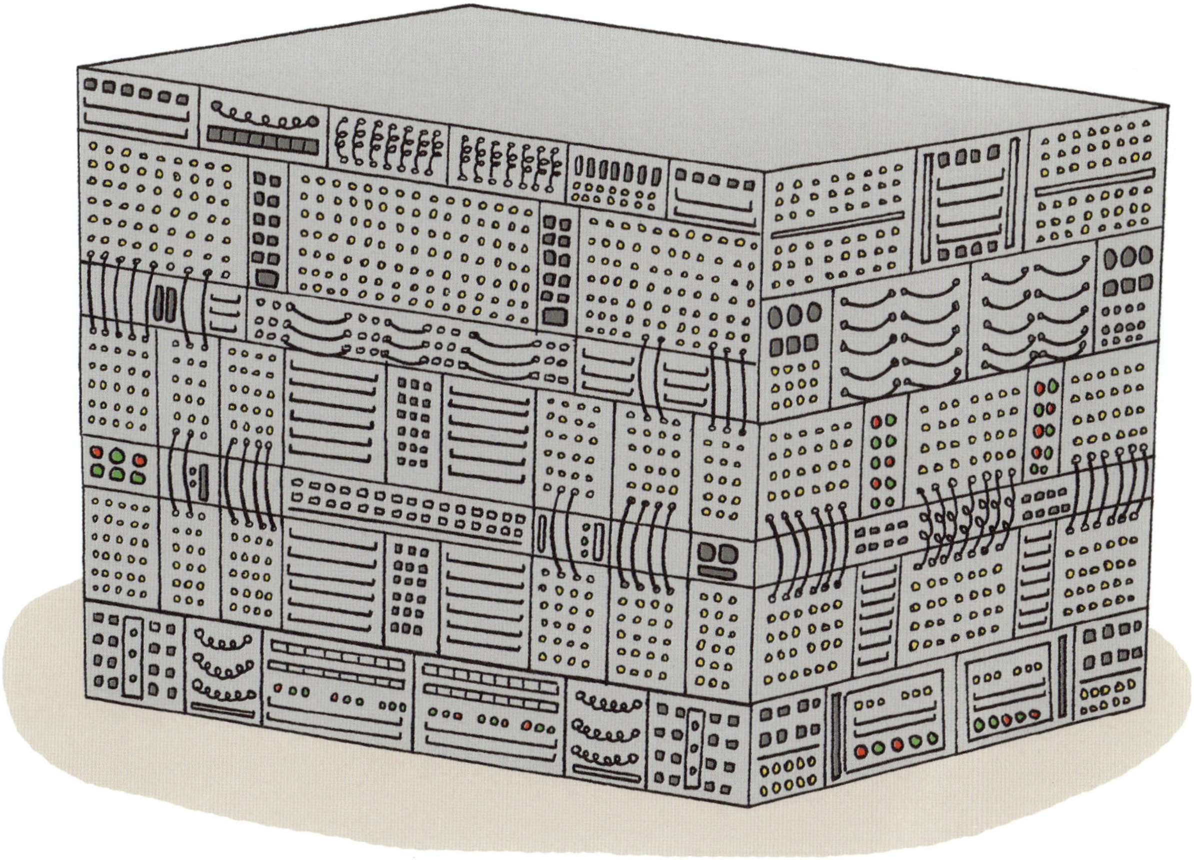

公元前6世纪

电

电是自然存在的，不是由人类的发明，但电的发现要归功于公元前6世纪的希腊哲学家、科学家泰勒斯。他发现用布摩擦后的琥珀会吸引小块织物。

又过了很久，1752年，本杰明·富兰克林证明了闪电是一种放电现象。渐渐地，人类学会了将电转化为能量。这要感谢在1800年发明了第一块电池的意大利人亚历山德罗·伏特，还有在1822年发明了第一台电动机的英国人彼得·巴洛。美国人托马斯·阿尔瓦·爱迪生被认为是“电力之父”，他在1879年发明了第一个白炽灯泡，并为一些大城市（如纽约、巴黎、伦敦和柏林）配备了发电站！

好吧，我确认了两件事！
1. 闪电确实是一种放电现象！
2. 被电了会很疼！

21世纪初

一体式雨伞

众所周知，雨伞可以防雨，但是如果下雨的同时还刮着大风的话，人依旧会被淋湿。因此，有家公司发明了各种型号的一体式雨伞，它或采用巨大的气泡形式，或给伞面连接了一段透明的塑料壳。这简直是给对雨水过敏的人最棒的礼物！

2018年

1秒内复原魔方的机器人

有两位计算机科学家发明出仅用0.38秒就复原三阶魔方的机器人，打破了计算机之前0.637秒的记录。而人类的最快记录是4.591秒！

复原魔方用时最长的记录（但鲜为人知）。

所以？这次你还要说我在胶带的用量上抠门吗？
嗯！
嗯！

1923年

胶带

20世纪20年代，美国流行双色汽车。在给它们上色时，油漆工用报纸来给颜色分区。但是当取下报纸的时候，又会蹭到刷好的油漆！1923年，美国工程师理查德·德鲁决定制造一种胶带，这种胶带被撕下来的时候不会粘走任何东西。理查德第一次做出来的胶带质量很差：它很容易就脱落了。因为他很吝啬，总是使用价格很便宜但质量较差的胶水。因此油漆工们暗地里吐槽理查德·德鲁是个吝啬鬼。经过两年的改进，理查德终于取得了满意的效果。1930年，我们熟知的透明形式的胶带最终有了它的品牌！

我觉得还有一些地方可以改进，但是，是什么呢？

公元前3200年左右

轮子

大多数历史学家都认为轮子是公元前3500年左右在美索不达米亚被发明的。苏美尔人（美索不达米亚南部的居民）确实使用原木来搬运特别重的东西。

但是这个非常有用的发明（想象一辆没有轮子的自行车，哎呀，哎呀，哎呀！）可能更年轻：科学家在斯洛文尼亚发现了一个安装在轴上的木轮，这个木轮的历史可以追溯到公元前3200年左右。

公元前3000年

书写文字

苏美尔人发明了最早的文字。约公元前3000年，他们开发了一种文字系统，包括约1 000个象形图案（每个图案都代表着一种东西）。他们用泥板和锋利的芦苇尖记录了商业交易。这是人类历史上最早的书写痕迹之一！

如果我没理解错的话，今天早上你在市场上卖了一把耙子和一只母鸡？
都不对，是一棵橄榄树和一匹马！
儿子，你在提高楔形文字书写技巧上面，得继续努力呀！

2015年

烤面包机刀

科林·弗兹是一位年轻的英国发明家，他在网上分享了自己的许多发明。2015年，他发明了一种刀，可以一边烤面包一边切面包，这样就不再需要经历漫长的等待后，还要冒着烫伤手指的风险，才能将吐司从烤面包机中取出来！

2017年

可以折叠衣物的洗衣机

有几家公司已经开发出这种洗衣机，可以在洗涤后使用机械臂折叠衣物。但问题是有些机器折叠一件简单的T恤就花了将近十分钟！有一些制造商声称已经解决了这个问题，并准备推销他们的洗衣机，但是这些洗衣机依旧存在问题，面对太大的东西（如床单）或者太小的东西（如婴儿的衣服），都无法正常工作。

1897年

橡皮泥

19世纪，意大利人楚笛发明了塑料，这是一种柔韧性强、可随意拉伸的材料。1897年，英国美术老师威廉·哈巴特创造了一种更加柔韧的材料，还可以上色，它就是橡皮泥的前身。但德国药剂师弗朗茨·科尔布称自己才是这种材料的发明者，他从1880年开始就在德国售卖这种材料。尽管如此，威廉·哈巴特发明的材料仍在市场上销售并且非常成功。更重要的是，它对儿童教育的发展产生了很大影响。

20世纪30年代，美国人约瑟夫·麦克维克发明了一种黏土，它可以用来清洁被煤灰弄脏的墙壁。1956年，他的儿子找回了配方，并以培乐多公司的名义向儿童销售这种黏土做成的玩具，也就是今天我们熟知的橡皮泥，这个品牌到现在仍然存在！

那是你想象中的马吗？你在开玩笑吗？
我向您发誓，先生，它超级棒的！
一定是因为橡皮泥没有变硬，所以才塌了，这跟我没有关系！

是的，我亲爱的约翰，我完全同意你的看法——这是一个真正的技术壮举！
但恕我直言，咱可以换个频道吗？总该有一个频道的节目不那么无聊吧。

1926年

电视

从19世纪末开始，科学家们就一直在研究实时图像的传输方法。1926年，苏格兰发明家约翰·贝尔德发明了一种电视模型，但该模型只能传输相邻房间里人们的剪影。在接下来不到一个世纪的时间里，随着技术发展，电视的屏幕已经达到电影幕布的一半大小了！

1485年

降落伞

1485年，达·芬奇绘制了第一幅降落伞草图。从图中，我们知道，他设计的降落伞由木头和帆布制成，呈金字塔形。但是，我们并没有发现达·芬奇制造和使用这个降落伞的实物证据。而人类历史上最早的降落伞实物，是直到1783年，由路易-塞巴斯蒂安·雷诺曼发明的！1797年，热气球飞行员安德烈-雅克·加纳林成为第一个测试降落伞的人。尽管着陆时脚踝发生了骨折，但他还是成功了！

2015年

联网养蜂

奥尔良的养蜂人伯特兰·劳伦廷非常担心蜜蜂数量的损耗。2015年，他发明了一个装有电子传感器的盒子，这个盒子可以将蜂巢的生命信息（蜂巢的温度、湿度以及蜜蜂的生产状态）直接传输到他的手机上。这使他能够实时了解蜜蜂的健康状况，并在出现问题时迅速进行干预！有了这个盒子，他的蜜蜂数量的损耗降低了40%。

21世纪初

狗和猫的追踪项圈

得益于安装在项圈上的传感器，我们能准确地知道狗和猫的位置信息！我们需要做的就是打开智能手机上的应用程序（或者网站），就可以实时监控它们的位置。我们甚至可以查阅它们的足迹，了解它们最喜欢去的地方！

13世纪中后期

眼镜

关于眼镜的发明可以追溯到中世纪，但很难确定到底是谁在什么时候发明了它。早在11世纪，波斯科学家海桑就谈到了用光学玻璃制作镜片辅助看清物品的可能性。在13世纪末的意大利，第一副眼镜被制造出来，但这副眼镜并不能直接架在耳朵上，而是要用手拿着眼镜靠近双眼。该制造技术随后传遍整个欧洲，1450年左右，在伦敦和法兰克福出现了眼镜制造商的踪迹。

眼镜
听好了！
买一副近视眼镜，赠送一副太阳镜！

来吧，驾！
飞驰！

1817年

自行车

1817年，德国男爵卡尔·德莱斯发明了一种跑步机，他认为这个跑步机可以替代昂贵的马匹。卡尔的跑步机由一个木制框架和两个轮子组成，需要用脚使它动起来。1918年，这种跑步机在法国以卡尔的名义进行售卖，被认为是自行车的祖先，并在21世纪初焕发出新的生机：幼儿用这种跑步机学习保持平衡并转动车把，为骑没有辅助轮子的自行车做准备。

1893年

拉链

1851年，锁式线迹缝纫机的发明者埃利亚斯·豪注册了一项新专利，他给新专利取名为“拉链”。但埃利亚斯没有继续改进他的技术。1893年，惠特科姆·贾德森为改进后的拉链申请了一项新专利，并成立了一家公司来售卖它。但改进后的拉链依旧采用钩环来绞合，这种设计既不稳固，也不实用，根本卖不出去。1912年，该公司的一名员工吉迪昂·森贝克成功地改进了钩环绞合结构，制成我们现在所看到的拉链。之后，拉链在全世界的销量猛增。你在拉拉链时听到的声音就是拉链的英文名字“zipper”的由来。在法国，拉链的优势迅速凸显，以至于拉链几乎无处不在。

他们都是游泳班的学生，有个人的拉链卡住了，你能找出来吗？

1924年

防撞出租车

20世纪20年代，道路上的汽车数量急剧增加，政府注意到了交通安全的问题。因此，1924年，路易斯·奥古斯特·洛朗索发明了一种出租车，这种出租车配备了防撞系统，就是在车辆前部安装金属保护网和橡胶垫，目的是缓冲撞击，或者在撞到行人时，将行人推向两侧，避免碾压。

2016年

可以自动系鞋带的运动鞋

受电影《回到未来2》的启发，自动系鞋带运动鞋诞生于2016年。这款鞋子里有一个连接鞋带的高速微电机，可在几秒钟内收紧鞋带，而且会根据脚掌情况自动调节鞋带的松紧度！当早上起来，你发现闹钟没响，而自己又恰好睡过头的时候，这双鞋子就显得非常好用了。它可以节省学生的穿鞋时间，避免上学迟到。

航空业的胜利开端

1903年

飞机

1890年，法国工程师克莱门特·阿德尔发明了一种名为“风神”的飞行装置。凭借其类似于蝙蝠的翅膀、两个螺旋桨和一个内燃机，这台机器努力飞行了大约50米。虽然飞行高度只有20厘米，但这仍然是一个壮举，因为这是人类历史上重于空气的飞行器的首次成功起飞。但由于它的飞行高度较低，不被认定为人类第一次飞行。

而在1903年，美国发明家莱特兄弟乘坐一台配备了发动机和螺旋桨的名为“飞行者”的滑翔机，进行了第一次真正意义上的飞行。虽然他们的飞机经常会失控，并且着陆时还很颠簸，但是毫无疑问，飞机在他们手中诞生了！

1957年

火箭

太空旅行的想法一直让人类着迷。在1865年出版的《从地球到月球》一书中，作者儒勒·凡尔纳描绘了三个人乘坐一枚中空的炮弹尝试登上月球的旅行！之后的很多年里，俄罗斯和美国的研究人员就一直在尝试制造火箭，但我们离太空旅行依旧很遥远。1926年，罗伯特·戈达德成功地将火箭发射到……12米的高度！1957年10月，苏联工程师谢尔盖·科罗廖夫制造了第一颗能够将卫星发射到太空的火箭——斯普特尼克1号（Sputnik 1）。从那以后，关于火箭发射的测试量成倍增加，一只名为莱卡的狗成为第一个进入太空的生物。

1961年，宇航员尤里·加加林乘坐东方一号进入太空，成为第一个在太空旅行的人。与此同时，美国人开展了阿波罗计划。1969年，阿波罗11号登上了月球。尼尔·阿姆斯特朗是第一个踏足月球的人，而此时距离儒勒·凡尔纳的畅想已经过去了100多年！

球！
大球！
蓝色的大球！

1906年

无线电广播

1896年，意大利科学家古格列尔莫·马可尼成功地改进了电报，建立了第一个无线电通信系统。原来的电报是一种通过电线发送信息，并在信息送达时，通过解码接收信息的传输系统。但这种改进后的无线电报还是只能传输文字，不能传输声音。1906年，加拿大发明家雷金纳德·费森登发明的无线电广播首次成功地传播了音乐等声音!

真是难以置信，雷金纳德！你成功地将整个管弦乐队变小，装进了这个盒子！
呃，不完全是这样！你听我解释！

1961年

发光轮胎

1961年，一个著名的美国轮胎品牌想出了个新点子，推出了一种半透明的发光塑料轮胎，由固定在轮圈上的18个灯泡照亮。尽管这种轮胎经过了安全测试，也很受人们的欢迎，但并未大规模生产。因为政府担心轮胎灯光会分散其他驾驶员的注意力，从而导致事故！

2024年

新型防穿刺轮胎

长期以来，包括美国宇航局在内的许多公司都致力于开发防穿刺的轮胎。一款新型防穿刺轮胎将于2024年首次发布。它将由橡胶和玻璃纤维的复合材料制成，可以在承受车辆重量的同时，适应各种坑坑洼洼的地面！还有就是，这种轮胎是不需要充气的。

1826年

摄影

1826年，法国发明家尼塞福尔·涅普斯成功拍摄了世界上第一张照片。他将照片固定在暗房内一个覆盖着化学材料的盘子上，等了很长时间才将照片冲洗出来，结果照片非常模糊！

装饰画画师路易斯·达盖尔在1835年用他的银版照相法改进了涅普斯的技术。达盖尔银版照相法每次拍摄都要花费几分钟才能完成，这就意味着被拍摄人要长时间保持一个姿势。但达盖尔银版照相法还是传遍了世界各地，毕竟人们都想拥有一张属于自己的照片！不久之后，美国人威廉·福克斯·塔尔博特发明了负片（也就是底片），利用负片，想要多少张照片都不是问题！

1885年，对摄影充满热情（却很讨厌给自己拍照片）的银行职员乔治·伊士曼发明了胶卷。在改进胶卷期间，他还创立了柯达公司，卖出了第一台便携式相机。之后相机制作技术逐步发展，1981年出现了数码相机！

来，大家一起说：“猢猴叽叽！”
大家保持30分钟！

105年

纸

纸的广泛使用要归功于中国的蔡伦。公元105年，蔡伦就准确地描述了纸的制造方法：将碎布和桑树皮溶在水中，然后分层晾干。发明纸的目的在于替代旧的书写载体，如竹简和缣帛等。另外，有许多学者认为，在此之前造纸术早就存在了近两个世纪，蔡伦只是对造纸术做了改进！

话说，蔡伦，我尝过御厨根据你写的食谱烹饪的膳食，说实话，味道很糟糕！
呃……尊敬的陛下，我想说，那并不是一张食谱。

砰！
那个灯突然炸裂，我是不是可以继续前进了？

1868年

信号灯

1868年，伦敦出现了第一盏信号灯，那个时候还没有汽车。那是一个由警察操作的煤气灯，用来告诉马车什么时候停车，什么时候前行，从而让行人安全通过。但在调试运行了一个月后，煤气灯发生了爆炸，于是这个设计就被弃用了。后来，美国警察莱斯特·怀尔发明了电子交通信号灯。1914年，第一盏电子交通信号灯安装在克利夫兰。它只有两种颜色——红色和绿色，由控制室里的警察手动控制。每当信号灯的颜色即将发生变化时就会有警报声响起，以提醒驾驶员。

2007年

全地形轮椅

米歇尔·奥鲁是一名木匠，也是一个残疾小女孩的父亲。大约15年前，他萌生了一个想法，发明了一款可以越野的轮椅，在所有地形上都可以用。它有6个轮子，无论是沙地行驶，还是雪地行驶，或者是爬上人行道，都不在话下。它的座位还可以根据需要升起，让使用者拿到高处的东西！

电视眼镜

19世纪末出生的科幻作家雨果·根斯巴克对发明充满了热情。1963年，就在他生命的最后几年里，他发明了电视眼镜，可以让人们完全沉浸在节目中。尽管他的发明在某种程度上促进了增强现实（AR）头盔的产生，尽管他确信它能卖出数百万台，但在销售方面还是失败了。毕竟这个想法在当时太超前了……

1895年

电影

电影通常被认为是卢米埃尔兄弟二人在1895年发明的，但摄影机的发明要追溯到1891年爱迪生公司的实验团队发明的活动电影放映机。这种放映机是第一个记录和观看动画图像的设备。卢米埃尔兄弟的想法是将图像投射到屏幕上，这样就可以很多人一起观看。1895年，卢米埃尔兄弟借助另一位法国发明家莱昂·布利的技术发明了电影。1896年，爱丽丝·盖伊拍摄了第一部电影《甘蓝仙子》！

1895年，人们发明了电影。

1896年，人们发明了吃爆米花的人。

你的武器都已经被熔化了！看，
我把它们回收做成了漂亮的项链！

公元前3000年—公元前1000年

分类回收

你可能已经知道了分类回收的重要性，特别是回收用过的材料等废旧物品。但是，这个想法并不是什么新鲜事！据考证，早在青铜器时代（公元前3000年—公元前1000年），损坏的金属就已经被熔化以供重复使用！105年，在中国，纸的原材料之一就是回收的破布！但在中世纪的欧洲，回收的理念被遗忘了。随着人口的增长，垃圾的数量也与日俱增，这开始成为一个问题。无论是城镇还是村庄，到处充斥着垃圾，助长了疾病的传播。于是，道路清洁工出现了，他们负责回收垃圾；然后是拾荒者，他们回收使用过的材料，再卖给回收公司。直到20世纪60年代，这项工作一直在法国进行着。

1973年，第一家塑料回收公司在美国成立。第二年，法国开始回收玻璃。最后，在1992年，分类回收箱出现了。今天，回收已经成为我们的习惯，但我们仍做得不够，因为世界上被回收的垃圾只占垃圾总量的19%左右！

2018年

收集鲸鱼病毒的无人机

“鼻涕虫”是一架在阿拉斯加近海航行的无人机，用于进行鲸类深入研究。它可以收集鲸鱼的喷射物，然后交给科学家进行分析，检测其中可能存在的病毒。有了“鼻涕虫”，科学家可以以一种谨慎的方式研究鲸类的行为，从而不至于过多地干扰它们的生活！

2017年

可携带水的消防无人机

2017年，雅克·皮图制造了一种可以携带10升水的无人机。对于消防队员来说，这是一项非常有意义的发明。因为有了这种无人机，消防员就可以远程处置火灾区域。当火灾发生的时候，对于一些消防员难以深入的地方，消防员可以借助无人机迅速采取行动。

100%错误的信息：

其实最开始，克拉伦斯·伯宰并不太了解冷冻鱼的原理。

1922年

冷冻食品

20世纪初，美国人克拉伦斯·伯宰①在拉布拉多逗留，这是加拿大面向格陵兰的一个地区。其间，他发现因纽特人捕获的鱼暴露在冰冷的空气中，会被冻结在原地，可以保存很久。几个月后，将鱼解冻了再吃，味道依旧很鲜。回到家后，经过一番研究，他发明了一个极速冷冻系统，并于1922年创办了自己的公司——“鸟眼”冷冻食品，一个源自他名字的品牌，至今仍在冷冻食品领域享有盛名！

①：这个美国人的姓是“Birdseye”，翻译过来是“鸟眼”的意思，与下文中源自于他名字的品牌名称是一致的。——编者注

1969年

互联网

1969年，美国国防部为学界和军队创建了第一个计算机网络阿帕网（Arpanet）。1971年，计算机工程师雷·汤姆林森想到了一种让阿帕网用户通过发送电子邮件相互交流的方法。然后，他创建了两个程序，一个用于发送消息，另一个用于接收和阅读消息。他决定将键盘上没什么用的“@”键，嵌入用户的电子邮件地址中，位于用户名和其所连接的网络域名之间。电子邮件一经问世，就受到了用户的喜爱！1989年，研究员蒂姆·伯纳斯–李发明了一种面向公众，提供咨询服务的万维网（WWW）。从那时起，网络就开始蓬勃发展起来！

20世纪70年代美国年轻学者的复杂生活

20世纪50年代

滑板运动

20世纪50年代，加利福尼亚的冲浪者提出了将旱冰鞋的轮子安装在木板上的想法，目的是在条件不允许他们下海时也能体验冲浪的感觉。1959年，第一块滑板在美国上市并取得了巨大的成功。1963年，第一届滑板比赛成功举办。1964年，第一本有关滑板运动的专业杂志诞生。如今，滑板运动已经成为一项重要的娱乐活动！

这就像冲浪一样，只不过滑板多了4个轮子。

会做2 000道菜的机器人厨师

2015年，英国工程师开发了莫雷机器人，它有两个铰接臂、20个电机、24个关节和129个传感器，能够在厨房里完美地再现厨师的姿态。用户可以通过应用程序下达指令，让这个机器人制作任何一道菜。数据库中有2 000道菜哟！而你只需要提供做菜必备的原料即可。当然，最重要的是先准备15 000美元来购买这个机器人。

2018年

密友——会“读心术”的耳机

当我们想到一个单词或短语却不想用嘴说出来时，我们的大脑会先向嘴巴和下巴发送肉眼看不见的神经肌肉信号。2018年，美国大学生阿纳夫·卡普尔发明了一种连接耳朵和下巴的耳机，据说它能够识别和转录这些信号，成功率高达92%！目前，耳机还只是原型机，理解能力有限。不过，看到这里，你做何感想？

1892年

自动扶梯

1892年，美国人杰西·W.雷诺申请了自动扶梯的知识产权专利。6年后，他的发明在伦敦的水晶宫展览馆揭幕，人们只需要在那里支付一便士（大约相当于人民币8分钱）就可以乘用一次！后来，一家公司决定以“escalator”为名销售自动扶梯。电梯的英文为“elevator”，意大利文为“scala”，合起来就是“escalator”了。很快，自动扶梯就被广泛应用于世界各地的大型商店、车站、地铁站和机场！

妈妈，我们可以再乘一次吗？
来嘛，妈妈，求您了。
不行！已经第25次了，你们乘的次数够多了！

第一款电子游戏的魅力

1950年

电子游戏

1950年，加拿大工程师约瑟夫·凯特发明了“大脑伯蒂”。这是一种4米高的机器，可以和人玩井字棋的游戏。1958年，美国物理学家威廉·希金博特姆发明了双人网球游戏，两名选手可以通过控制器击球。然而，这些游戏之所以被认为是最早的电子游戏，更多的是为了炫耀光管产品的优点（前者）或美国科研技术的进步（后者），而不是为了娱乐！因此，当时它们只能在一般公众无法使用的大型计算机上运行。

1887年

黑胶唱片

1877年，托马斯·爱迪生发明了留声机，这是一种用机械复制声音，然后刻在圆筒上的装置。留声机是一项革命性的发明，但当时包裹圆筒的薄锡箔很脆弱，不能批量复制声音。1887年，流亡美国的德国人埃米尔·柏林纳发明了唱盘式留声机。其复制声音的原理和爱迪生发明的留声机一样，但媒介不同——柏林纳发明了一个圆盘，称为“78转”（因为它在1分钟内可以转78圈）黑胶唱片。他的发明在复制声音方面更方便，产品更坚固，音质更好。在与爱迪生的竞争中，很快就完全盖过了对方，唱盘式留声机（或者叫唱盘机）卖得很火！之后，黑胶唱片的质量还在继续提高。1946年，美国哥伦比亚公司推出了第一张33转的黑胶唱片，每面可以持续播放30分钟！虽然过了几十年，这种黑胶唱片至今依旧是经典。

呜哩哇啦！
卡尔莫
钢琴协奏曲
露辛达，我觉得你又把唱片放反了！

2017年

不用钥匙的锁

一家美国公司发明了一种无钥匙锁，你可以通过智能手机上的应用程序上锁和解锁，再也不用因为没带钥匙而打电话给开锁匠了……不过，前提是你的手机没有丢！

2010年

可以自动阅读的眼镜

2010年，以色列的一家公司为视障人士设计了一种眼镜。这种眼镜配备了一个微型摄像头，可以识别除手写体文字之外所有类型的文本，比如书籍文字、街道名称、餐厅地图等。这些文本经过与摄像头连接的小盒子解析后，会以语音的形式传达给主人。

1996年

USB驱动器

20世纪60年代末，计算机数据开始存储在软盘里。但软盘很容易损坏，存储容量也很低。

20世纪90年代，CD-ROM的出现增加了存储容量，但依旧容易损坏。

20世纪90年代初，印度工程师阿贾伊·巴特受雇于英特尔公司，开发了一种独特的插头，这种插头可以同时连接各种线缆。1996年，得益于他的努力，第一个USB端口出现在电脑上。

1999年，一些公司开始设计并制造适用于USB接口的存储工具。

2000年，第一批USB驱动器问世。它们不仅携带方便，而且坚固耐用，深受公众喜爱。如今，它们几乎可以适应各种电子设备，而且还在不断改进。

哇，这些相册里有1 600张照片？
其实，这个架子就像我的U盘，爷爷！

1956年

修正液

1951年，贝蒂·奈史密斯·格莱姆成为德克萨斯州达拉斯银行的秘书。由于用打字机打出的错字几乎不可能纠正，通常出现一处错误，所有的东西都必须重打。所以，她决定发明一种修正液，帮助她隐藏错字，并在不浪费时间的情况下纠正它们。

经过几次尝试，她成功了。在接下来的5年里，贝蒂和同事用它来改正打字过程中出现的错误。1956年，贝蒂决定为自己的发明申请专利并将其商业化，改名为立可白。1979年，她以4 800万美元的价格将自己的品牌卖给了一家大公司!

女士们，早安！
好吧，没有“们”，我马上更正！

1906年

电动旱冰鞋

这个想法并不新鲜，早在1906年，法国人康斯坦蒂尼就展示了汽车溜冰鞋的构想。但是有个问题：这种旱冰鞋重12千克，靠汽油运行，油箱必须系在腰带上！不过，现在已经有许多品牌开发出轻便、可充电的电动旱冰鞋了。

2009年

“会说话”的地铁地图

2009年，弗洛伦斯·波莱-多马斯凭借“easy metro”赢得了巴黎国际发明展览会的大奖。这是一款专为盲人和视障人士设计的设备，只有手机大小。只需要对其说出始发站和终点站，上车后就会有声音提示剩余车站数量、转线情况，以及剩余路程所需时间等信息。

厨师先生，我发誓这是真的，把苹果泥放在磁控管边上，就会得到一盘蜜饯！
珀西，你没事吧？

1947年

微波炉

1945年，珀西·斯宾塞在雷神公司工作，这是一家研究军事技术的公司。在研究磁控管（一种将电能转化为微波形式的电磁能量的装置）时，他发现口袋里的巧克力融化了。他很好奇，就把玉米放在管子前面，结果得到了一堆爆米花。事实上，科学家们已经发现了微波的加热特性，但珀西是第一个决定用这个特性来加热食物的人。于是，雷神公司申请了专利，并于1947年发明了“微波炉”——高达1米、重达30千克。很明显，这是个失败的产品，之后这个想法被放弃了。直到1967年，雷神公司推出了一种更便宜、更轻的新型号，并取得了成功。

1992年

短信

1984年，芬兰工程师马蒂·马柯宁首次萌生了把书面信息从一部手机发送到另一部手机的想法。1992年12月3日，英国工程师尼尔·帕普沃思将第一条短信用电脑给移动通信运营商沃达丰高管的手机发送了一条信息：“圣诞快乐。”两年后，诺基亚公司推出了第一款带键盘的可以编写短信的手机。从那时起，全球每秒大约有200 000条短信被发送！

你知道世界上第一条短信写的是什么吗？
不知道，是什么啊？
圣诞快乐！
为什么要给我圣诞祝福？现在才7月啊！
不，这是第一条短信。
啊？“这”是第一条短信？好奇怪！
不，是“圣诞快乐”！
你没事吧？

2016年

可以检测即将过期食品的冰箱

2016年，人们设计了这款智能冰箱，目的是避免食物浪费。这款冰箱配备了一个显示屏，可以显示冰箱里的食物，还会用摄像头进行扫描分析。当感应到食物的状态即将过期时，冰箱会发出警报声，提醒我们尽快食用！

会自动跟随主人的行李箱

这款行李箱配备了两个微型电机，速度可达到10千米/小时。行李箱通过专用腕带识别主人，只需激活腕带，它就会启动。它还配备了声呐、深度传感器和路况探测器，可以规避障碍物！

不要告诉我你没有看到雨刮器的巨大优势：有了它，你就不需要冒着严寒出去清洁挡风玻璃了！
但是，不就是冻冻鼻子和手指吗，也没什么大不了的。

1903年

雨刮器

1903年的冬天，在车里根本看不到外面，纽约的有轨电车司机被迫定期下车清洁被冰花覆盖的玻璃。来自阿拉巴马州的农民玛丽·安德森路过纽约，她认为有必要发明一种可从内部控制的车窗清洁系统。回到家，她发明了第一款挡风玻璃雨刮器，它的主体部分是一根普通的木条，上面粘着一条橡胶刮片，用曲柄操纵。她为她的发明申请了专利，但这并没有激起各大汽车厂商的热情。1916年，女演员兼发明家夏洛特·布里奇伍德决定将挡风玻璃雨刮器电动化，但依旧没有厂商支持！直到第二次世界大战结束，雨刮器才在汽车上大规模使用起来！

20世纪50年代

游戏机

20世纪50年代初，居住在美国的德国移民拉尔夫·贝尔向他所在的电视制造公司提出建议：发明一种可以玩游戏的机器。这个建议被拒绝了，但拉尔夫并没有忘记。到了1966年，当他在一家军事电子公司工作时，他发明了第一款游戏机。经过不断改进后，他决定以“棕盒子”为名销售它。但拉尔夫再次被公司拒绝了！终于，在1972年，这款游戏机以“奥德赛”的名字上市，并且成为第一款面向大众的游戏机！

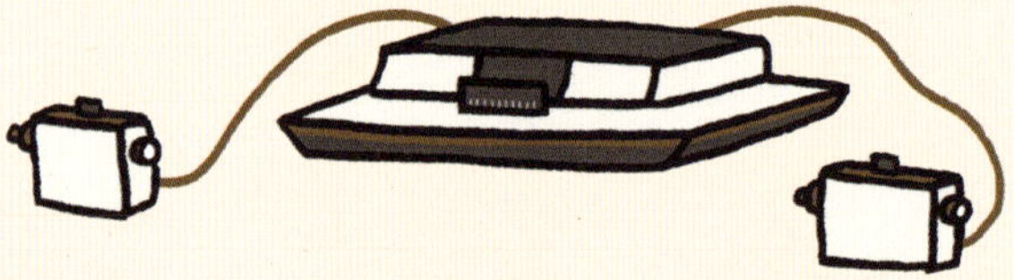

游戏机？啊，多么荒谬的想法！
亲爱的拉尔夫，我必须郑重地告诉你，公司永远不可能制造游戏机。

2010年

脚踏-婴儿车

这辆车是由奥地利–保加利亚设计师瓦伦丁·沃德夫于2010年发明的，它可以让父母在带着孩子散步的时候能节省一些体力，或者让那些急于把孩子送到托儿所的人，快速实现心中所想！而且这种车是百分百环保的。

2012年

和孩子一起成长的鞋子

美国工程师肯顿·李考虑到许多生活在贫困国家的孩子穿着破鞋子或者根本穿不起鞋子，于是特意发明了一种适应性很强的鞋子。这种鞋子用料非常结实，前后还有可调节的鞋带，可以适应5种不同尺寸的脚！

阿尔夫·鲍勃

阿尔夫·鲍勃于1974年出生于圣艾蒂安，是Vide Cocagne、Jarjille和Futuropolis等出版社的连环漫画的作者。

他也是一名插画家，主要为Influenza Records唱片公司设计唱片封面。

有没有可以快速传送的发明？

我猜你不知道

青蛙从不喝水

［法］阿尔夫·鲍勃 著/绘

常悦 译

GUANGXI NORMAL UNIVERSITY PRESS
广西师范大学出版社
·桂林·

QINGWA CONG BU HESHUI
青蛙从不喝水

出版统筹：汤文辉　　责任编辑：宋婷婷
品牌总监：张少敏　　美术编辑：刘淑媛
质量总监：李茂军　　营销编辑：赵　迪
版权联络：郭晓晨　张立飞
责任技编：郭　鹏

著作权合同登记号桂图登字：20-2024-019 号

图书在版编目（CIP）数据

我猜你不知道. 青蛙从不喝水 /（法）阿尔夫 • 鲍勃著、绘 ；常悦译. --桂林：广西师范大学出版社，2024.6
（神秘岛. 奇趣探索号）
ISBN 978-7-5598-6890-9

Ⅰ. ①我… Ⅱ. ①阿… ②常… Ⅲ. ①科学知识一青少年读物②动物一青少年读物 Ⅳ. ①Z228.2②Q95-49

中国国家版本馆 CIP 数据核字（2024）第 075489 号

广西师范大学出版社出版发行
（广西桂林市五里店路 9 号　邮政编码：541004
网址：http://www.bbtpress.com）
出版人：黄轩庄
全国新华书店经销
北京博海升彩色印刷有限公司印刷
（北京市通州区金桥科技产业基地环宇路 6 号　邮政编码：100076）
开本：889 mm × 1 280 mm　1/24
印张：14.5　　字数：100 千
2024 年 6 月第 1 版　　2024 年 6 月第 1 次印刷
定价：145. 00 元（全 3 册）

有关动物的事，我可以讲上好几个小时。比如，我那两只猫，它们蜷缩在沙发上，一睡就是8个小时。它们是那么可爱，而且……呃，对不起，我跑题了。目前，地球上已经被定义命名的生物大概有1000万种，已经被人类发现的动物大概有150万种，我挑选了85种放在本书中。这些动物都有着令人吃惊的能力和状态。

阿尔夫·鲍勃

目录

蜜蜂通过跳舞相互交流

侦察蜂会用跳舞的方式，给采集蜂传达信息。它们有几种比较经典的舞蹈，比如：圆圈舞（或者叫环绕舞），表示在蜂巢附近就有食物，但无法确定距离和方向；“8”字形的摆尾舞，表明食物距离蜂巢很远，要飞很长时间……

什么？伊利亚·波莱特在草地上？
但，波莱特是谁？
哦，你是说草地上有花粉啊！
你的舞跳得也太烂了，我们什么都没找到。

大羊驼不喜欢独居

大羊驼是群居动物，换句话说，当大羊驼成群地生活在一起时，它们会很快乐。相较于只有两只羊驼相处，它们更喜欢被一群朋友围着。大羊驼甚至会因为孤独而死去。

有些蜘蛛会在日食期间拆掉它的网

有些蜘蛛会在夜幕降临时拆掉它的网，第二天早上重新织网。而在日食期间，处于日食带地区的光照会迅速下降，这些蜘蛛以为白天结束了，便会拆掉它的网。等到日食结束，光照恢复，这些蜘蛛虽然可能会对这个短暂的夜晚感到惊奇，但还是会重新织网。

从15世纪开始，有只北极蛤就生活在北大西洋里了

活几个世纪，对于北极蛤这种北大西洋软体动物来说是很容易的！2006年，科学家发现了一只北极蛤，得出其年龄达507岁。它们的年龄可以通过其外壳上的年轮来计算。当然，寿命长短跟它们的个头大小一点儿关系都没有。这种几厘米长的软体动物比巨大的蓝鲸要长寿得多！

水蛛是一种生活在水下的蜘蛛

水蛛用它的蛛丝附着在水生植物上。水蛛在织网过程中，将身上的防水绒毛中储存氧气的气泡聚集在一起，形成一个钟罩形的小隔间。另外，水蛛还会将氧气储存在腿上和腹部细毛中间的气泡中，带入小隔间里储存起来。它们也会外出捕食，然后将猎物带回小隔间中吃掉。

非洲鸵鸟可以跑得像赛马一样快

鸵鸟的每只脚上都只有两根脚趾，其中偏大的脚趾承担着支撑鸵鸟整个身体的重任，另一根脚趾大小不到它的一半。鸵鸟有着粗壮的骨骼和肌肉发达的双腿，这使其拥有惊人的奔跑速度：非洲鸵鸟奔跑起来平均时速达40千米，最高时速可达70千米。

非洲鸵鸟能像狮子一样咆哮

鸵鸟通常不爱发声，但它其实能发出从嘶嘶声到轰鸣声等各种不同的声音，甚至能发出传得很远的狮吼声！

弓头鲸会创作和演奏音乐

弓头鲸的叫声很有特点，像音乐一样动听，被人们称为“鲸歌”。弓头鲸的鲸歌旋律多种多样，有的甚至很复杂！研究人员曾观察到一头弓头鲸群“创作”并“演奏”了184首不同的歌曲！

蓝鲸宝宝一天要喝超过90升的奶水

蓝鲸刚出生体重就能超过2吨。凭借每天超过90升的母乳摄入量，它的体形高速增长：平均每天会增长4厘米以上，增重80千克以上！

巴仙吉犬是一种不会“汪汪”叫的狗

巴仙吉犬来自非洲，是世界上最古老的犬种之一。巴仙吉犬不会“汪汪”叫，它发出的声音听起来就像是狼和猫头鹰叫声的混合。

黄鼬通过跳舞来迷惑猎物

跳跃、翻滚、走“之”字形……当黄鼬发现猎物时，它就会做出一系列奇怪的动作，看起来像在跳一种奇特的舞蹈！猎物（通常是兔子）被黄鼬“奇特的舞蹈”吸引，往往会忘记逃跑，然后束手就擒。

蟑螂在身首异处后还可以存活一段时间

蟑螂不用鼻子呼吸，而是通过胸部和腹部上的小孔呼吸。蟑螂的身体和大脑有相对独立的神经系统。蟑螂受伤后，神经系统会让伤处的血液迅速凝固，所以你几乎看不到蟑螂流血。没有了脑袋，蟑螂无法进食，最终会死亡，但继续存活几天是完全没有问题的！

小鸭子会把它遇到的第一个生物当作自己的妈妈

在出生后的10分钟内，小鸭子会本能地跟随任何靠近它的生物。这通常是它的母亲，但也有可能会碰巧遇到……一只狗！

海狸的门牙会不停地生长

海狸有四颗橙色的门牙（两颗上门牙和两颗下门牙），它们会不停生长直到海狸死亡。为了使牙齿变得锋利，也为了更好地生存，海狸必须不断地让上门牙和下门牙相互摩擦。如果其中一颗牙齿断裂，那么与它相对的牙齿没有了阻碍，就会无限制地变长……直到海狸被自己的牙齿刺穿而死。

骆驼能在10分钟内喝下100升水

骆驼素有“沙漠之舟”的称呼，靠背上的驼峰，骆驼在沙漠里可以几个星期不喝一滴水。它的驼峰中含有大量脂肪，为它提供了这段时间所需的水分。当骆驼再次喝水的时候，它需要的量非常大，这样可以迅速补充驼峰里消耗殆尽的水分。

猫之所以喵喵叫，应该是为了和人类交流

研究人员观察到，猫和同类交流时很少喵喵叫。这些研究人员推断，喵喵叫应该是猫专为人类演化出来的一种交流方式。但是，猫有各种各样的叫声，含义也不相同，所以人类不是每次都能正确领会它的意思！

马通过肢体语言来相互交流

挑眉、张嘴、耳朵后仰……一匹马至少能做17个肢体语言，来表达恐惧、惊讶或问候等！

我不知道你想说什么，我的老伙计！

一些羊受到惊吓就会晕倒

一些羊患有一种疾病，叫先天性肌强直症。在强烈的压力或兴奋下，它们的肌肉会收缩得非常厉害，导致肢体僵硬而跌倒，甚至十秒钟之内都不能动弹！

狗讨厌柠檬的味道

狗的嗅觉细胞约为人类的40倍，柑橘类水果（如柠檬、橙子、西柚……）的气味对狗来说太强烈了，会刺激它们的呼吸道！

黑猩猩懂得如何治疗自己

一些黑猩猩族群中的个体会把能消除寄生虫或疾病的植物添加到它们的食谱中！科学家至今不知道黑猩猩是如何获得这些知识的。

吸蜜蜂鸟是世界上最小的鸟之一

长5~7厘米，重2克——吸蜜蜂鸟真的是轻量级的！这种鸟生活在古巴，以花蜜和小昆虫为食。它的蛋也很小：只有一粒米那么大！

乌鸦喜欢开玩笑

年轻的乌鸦像人类的青少年一样淘气，成群结队地玩耍。它们把大部分时间花在玩耍上：捉迷藏、滑雪、玩木头、互相扔石子……还有开玩笑、斗嘴！

但是如果有一只乌鸦处于危险之中，其他乌鸦就都会来帮助它

乌鸦之间高度团结。如果鸦群中有一只乌鸦受到攻击，其他乌鸦就会用叫喊和啃啄的方式来反抗攻击者，以保护受到攻击的乌鸦！

雪人蟹的腿是毛茸茸的

雪人蟹是一种生活在海面下2 000多米的甲壳类动物，蟹螯上有长长的毛，毛上长满了细菌。它感到饥饿时，就会把螯上的毛拔一撮下来吃掉，这真是太方便了！

手枪虾用水弹攻击它的猎物

手枪虾有两个钳子，其中一个钳子大小约为它身体的一半。它迅速将钳子闭合时，会产生一股速度超高的水流，从而形成气泡。气泡爆开时，会产生强烈的爆炸，击晕甚至杀死猎物！

鳄鱼会爬树

鳄鱼大部分时间喜欢待在地上或水中，但美国田纳西大学的生物学家观察到鳄鱼在树枝上打盹儿。还有人曾目击一条鳄鱼待在一棵4米高的树上！

巴什基尔卷毛马是为数不多的卷毛马品种之一

在夏天，巴什基尔卷毛马的毛像其他马一样光滑。但随着冬天的临近，它身上的毛开始长长并出现卷曲，直到全身的毛完全卷曲，像一条裹在身上的绒毯，这使它特别耐寒。

宽吻海豚之间会互相取名字

一项科学研究表明，宽吻海豚会发出特殊的声音。每只宽吻海豚都会发出一种独特的口哨声，这被称为“签名哨子”。宽吻海豚会用它来给其他海豚取名字，并通过它与距离稍远的朋友“打电话”！

松鼠有时会忘记它们把种子和坚果藏在哪里了

松鼠会把它们为过冬收集的种子和坚果分散藏在很多地方。通常，松鼠只能找到大部分的储藏地点，有一小部分则被忘记了。不过，这种情况对树木种子的传播很有帮助。

大象是为数不多的不会跳跃的动物之一

大象的体重过重是它不能跳跃的最大原因，跳跃需要足够强壮的肌肉。况且就算大象能跳起来，它的骨头也没有足够的强度来承受落地时带来的冲击力，最终会被折断！

大象的长鼻子里有10万多条肌肉束

大象用它的长鼻子喝水、吃东西、吹喇叭、抓挠、喷水、摸东西、移动树干、捡食物和拥抱！具有如此多的功能应该可以解释为什么它的鼻子里有那么惊人的肌肉束数量。

雌性鸸鹋根据体重选择伴侣

雌性鸸鹋产卵后，会去寻找食物来补充能量，然后把蛋留给雄性鸸鹋全权负责孵化。鸸鹋的蛋很大，因此孵化对雄性的体重要求也很高。为了给孩子们选择最好的爸爸，雌性鸸鹋有一种特殊的称重技巧——它让雄性鸸鹋坐在自己身上，然后挑出最重的那个结成伴侣！

有种蜗牛能一觉睡11个月

为了在以色列内盖夫沙漠的极端高温中生存，有种蜗牛将自己埋进地里，封上壳，等待有利的天气。在罕见的雨天，它们会苏醒，以泥土与地衣为食。天气变热，它们就再次把自己埋起来。一年中，它们只活跃18～26天！

海星没有大脑

海星没有大脑，原因很简单——它没有头！它的身体由一张嘴和几条手臂组成。但这并不意味着它没有感觉，事实上，它的感觉神经细胞遍布全身。

海星把胃吐出来吃东西

海星用腕捕捉猎物。由于它既没有牙齿也没有下巴，所以它张开嘴并吐出胃，然后将胃包裹在猎物身上。等猎物被消化，它再把胃收回自己的身体里。瞧，是不是很神奇？

八哥是模仿天才

八哥在法国非常常见，它们过着群居生活，掠夺果树，占据其他鸟类的巢穴……它们还会模仿雀形目鸟类以及秃鹰或猫头鹰的叫声，甚至连喇叭声和电话铃声也能轻松模仿，非常有趣！

火烈鸟的颜色通常取决于它们的食物

火烈鸟喜欢在泥浆中寻找藻类和甲壳类等当食物，这些食物中含有一种类胡萝卜素，随着火烈鸟吃得越来越多，该色素在火烈鸟的身体中也会积累得越来越多，最后它们的羽毛呈现出粉红色。

工蚁能举起相当于自身体重1000倍的东西

工蚁能完成这样的壮举，主要归功于它们的下颌骨和颈部肌肉的力量！

德古拉蚂蚁是世界上咬合速度最快的动物

德古拉蚂蚁保持着动物中最快速度的纪录，当然它并没有在赛跑中击败猎豹。德古拉蚂蚁能以每小时320千米的速度闭合下颌骨，比眨眼的速度还要快5 000倍。因此，它的咬合速度堪称风驰电掣，令人生畏！

拥有超级英雄的
听力并不那么好过。
哎呀！吵死啦！
你好！
你好！
你好！
你好！
你好！
你好！

蚂蚁之间偶遇时会相互打招呼

蚂蚁通过触碰彼此的触角来相互识别、打招呼，并交换信息。

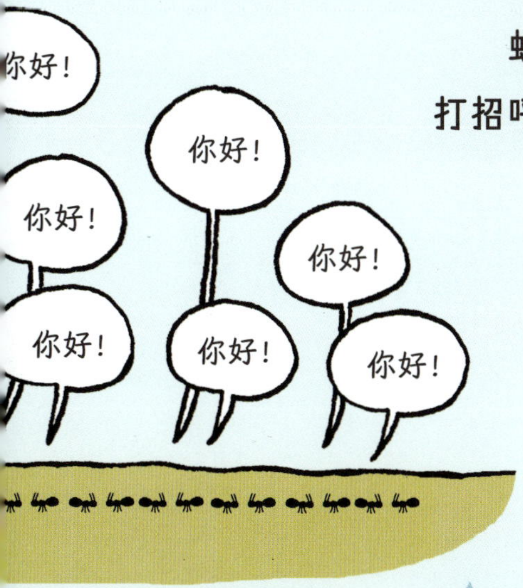

种蘑菇的切叶蚁

切叶蚁将收集来的叶子切成细小的碎片，然后将它们存放在巢穴中，用唾液和粪便浸渍它们。这堆混合物将慢慢形成一个非常有营养的绿色“面团”。然后，切叶蚁在上面种植蘑菇等真菌。切叶蚁就是这样自给自足的！

侏儒壁虎能够在水面上奔跑

生活在南美洲的侏儒壁虎个头很小，它的皮肤进化出了防水的功能，所以它能漂浮在水面上。它用爪子拍打水面时，四肢和水面之间会产生气囊，这些气囊可以当作它漂浮在水面上的载具，而它的尾巴可以当作船舵！这种技能使侏儒壁虎可以在水面上以每秒1米的速度奔跑。

长耳跳鼠拥有占身体比例最大的耳朵

2007年，在蒙古国的戈壁沙漠中，长耳跳鼠首次被发现。它长长的耳朵是身体长度的一半，因此说它的耳朵占身体比例最大，一点儿都不夸张。而它们的长耳主要用来调节体温和疏散热量！

长颈鹿出生时会从2米高的地方跌下来

长颈鹿不会躺下分娩。因为如果躺下的话，它那巨大的身躯会让它很难再次站起来。因此，它通常不会躺下，甚至生孩子时也不例外。所以长颈鹿宝宝只能以摔跟头的方式开始它的“鹿生”！

大猩猩也会感冒

免疫系统可以帮助身体抵御外来细菌、病毒的入侵。而大猩猩的免疫系统并不完善，不能抵挡某些来自人类的疾病，如感冒等。

放开我！
否则我要打喷嚏了！

青蛙从不喝水

青蛙不喝水的原因：它们通过皮肤吸收水分来使身体保持湿润。正因如此，青蛙总是生活在潮湿的环境里。

北美林蛙通过将自己冻成“冰棍”来过冬

冬天到了，生活在加拿大和美国阿拉斯加地区的北美林蛙，沉睡在冰冻的土地上。它们体内的血液几乎停止循环，但得益于肝脏中超高的含糖量，身体中的尿素也在激增，体内的游离水转化为结合水，这样能保证身体组织没有被低温环境破坏。等到大地回暖，北美林蛙的身体慢慢解冻，体内的组织和器官也会重新开始运转。

猎豹不会咆哮，却会喵喵叫

在奔跑速度上，猎豹显然是最快的陆生动物。在叫声上，猎豹也令人印象非常深刻：它的咆哮声和猫的叫声或鸟的叫声很相似！

在夏威夷养仓鼠是违法行为

夏威夷当局认为，夏威夷的气候非常适合仓鼠的生存繁衍。家养的仓鼠一旦逃离笼子，将严重威胁夏威夷本土生物多样性。

夏威夷罪犯

放屁可能是鲱鱼之间的一种交流方式，

鲱鱼可能通过放屁相互交流

加拿大研究人员观察到，当鲱鱼成群结队聚集在一起时，它们会发出持续时间不同的脉冲串，换句话说就是放屁。他们推断，这些声音是鲱鱼之间进行社群交流的工具！

但你不要在和我们待在一起的时候干这事儿，年轻人！不要在和我们待在一起的时候干！

猫头鹰的头可以转动270度

猫头鹰的眼睛无法像人眼一样转动，为了弥补这个缺陷，猫头鹰的头几乎可以转一圈，而且不会有折断脖子的风险。这要归功于它们的颈部独特的血管和骨骼系统！

河马可以自制防晒霜

河马的皮肤会自然分泌一种含有红色和橙色色素的酸性保护液，用来过滤太阳光中的紫外线，这真是纯天然防晒霜！

树袋熊一天能睡20个小时

这位睡眠界的世界冠军被迫长时间睡觉，以节省它从以桉树叶、树皮和水果为基础的饮食中获得的微薄能量！

海獭去哪儿都随身带着小石头

海獭捕到猎物后会躺下，把自己的腹部当作案板，再把小石头放在肚子上，通过在小石头上敲击来破开海胆、贝壳等动物的外壳。而它们潜水或游泳时，则会将小石头放在前肢下的皮囊中保存起来。

非洲野犬通过打喷嚏来投票决定是否打猎

为了做出决定，非洲野犬会聚集在一起，用打喷嚏的方式决定是否打猎。如果话语权较大的非洲野犬打喷嚏，其他非洲野犬不用打太多喷嚏就可以决定同意进行捕猎行动。但如果它们不表态，就需要更多的非洲野犬打喷嚏才能同意。

日本猕猴会打雪仗

日本猕猴的双手非常灵活，可以完成攒雪球和扔雪球的动作。有科学家解释，它们这样做仅仅是为了玩得开心。

环尾狐猴用摩擦过腺体的尾巴做武器

在环尾狐猴的上臂内侧、腋窝和肛门，有可以分泌化学物质的腺体，大多数时候，腺体分泌出的化学物质气味非常难闻。在繁殖季节，它们会用长长的尾巴摩擦腺体，然后在对手的鼻子下挥舞着这根“臭气熏天的武器”。谁最臭，谁就赢了！

虽然还没决出胜负，但这已经够了，环尾狐猴！
我们必须提醒你们，这儿可不只住着你们环尾狐猴！

雄企鹅用美丽的鹅卵石筑巢来向雌企鹅示爱

找到最美丽的可没那么容易，因为通常海滩上有数百只企鹅，它们都在寻找最美丽的鹅卵石！因此，在接受或拒绝交配之前，雌企鹅会判断雄企鹅的筑巢能力。

刚开始迁徙的黑脉金斑蝶

即将完成迁徙的黑脉金斑蝶

黑脉金斑蝶每年要进行约4 000千米的迁徙

这种以橙色和黑色为主的蝴蝶只有0.5克重。每当冬天来临，它们便开启2个月的漫长旅程，成群结队地由加拿大飞到墨西哥过冬。据研究人员称，黑脉金斑蝶可以利用地磁场导航，找到正确的路线！

苍蝇的眼睛由数千个面组成

这数千个面叫小眼，是一种透镜，可以感知光线和运动。当有东西进入视野时，小眼会立刻将信息传输给大脑，苍蝇随即做出反应。因为眼睛的特殊结构，苍蝇甚至不需要移动它的头就可以看清周围。这也是我们很难抓住苍蝇的原因！

一只绵羊能认出50只其他绵羊

绵羊拥有一定的图像识别能力，一般可以识别出同一个群的10～50只其他绵羊，还能辨别出不同的羊的差异之处。另外，它还能识别一些人脸！

雄性园丁鸟会建造一座“城堡”来吸引异性

雄性园丁鸟会选择一个开放区域，建造一条两端敞开的通道。它们有时候会在入口处修建一个拱门，再用石头、羽毛、鲜花或者瓶盖装饰一下，然后通过唱歌和跳舞来吸引异性的注意。

啦
啦
啦
啦
诺伯特，你的“城堡”搭得太棒了，我是说真的！
但是，这唱歌和跳舞的水平……怎么说呢……

獾伽狓可以舔到自己的耳朵

獾伽狓的舌头是蓝色的，长约30厘米，可以直接卷取树叶进食，还可以……

獾伽狓的舌头还可以：

（注意，只有一个正确答案！）

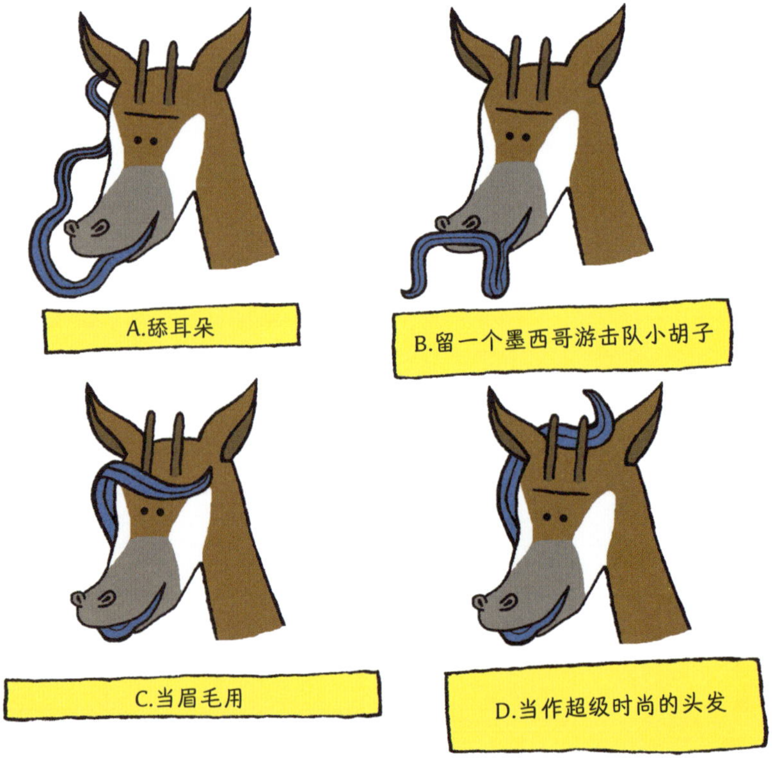

猩猩每天晚上睡觉前都会整理床铺

每天晚上睡觉前，猩猩都会用树叶和树枝搭建一个舒适的床铺。这个窝，猩猩通常只使用一次，所以每天晚上它都要搭一个新的窝！

雄性驼鹿的鹿角每年冬天都会脱落

在每年4～11月，雄性驼鹿会长出新的鹿角，使它能够保护自己并在交配季节用来求偶。交配之后，雄性驼鹿的角就会脱落，然后等待来年再长出新的！目前，最大的鹿角于1897年在一头阿拉斯加驼鹿身上被发现，展开长度约2米。

鸭嘴兽闭着眼睛游泳

在水下，鸭嘴兽会把眼睛、耳朵和鼻孔都闭上，防止进水。它依靠喙中的感官传感器来指导移动和定位猎物。

北极熊在几千米外就能闻到海豹的气味

北极熊的视觉和听觉跟人类差不多，但它的嗅觉远比人类的嗅觉发达，是捕猎的重要感官！

大熊猫每天大便约40次

大熊猫几乎完全以竹子为食，每天消耗大约40千克新鲜竹子。但大熊猫的消化系统只能消化其中的一小部分，因此大熊猫的粪便中含有丰富的营养。大熊猫每天会产生超过20千克的便便，而且排便次数相当频繁，大约有40次！

树懒移动3米需要1分钟时间

树懒之所以这么慢，一个重要原因就是它只吃树叶，能量获取极少，要避免消耗。树懒动作比人类慢20倍，但这种缓慢也是一种优势：它使树懒能够躲避老鹰或美洲虎的捕食，因为它们很难注意到树懒的动作。

弹涂鱼可以在地上爬行，甚至爬树

弹涂鱼，绰号“泥猴”。这种鱼在淡水和咸水中都可以生活，同时也可以在陆地上生存。弹涂鱼用它的鳍充当腿，还可以通过皮肤呼吸，称得上真正的“全地形鱼”！

有的喜鹊可以从镜子里认出自己

为了证明这一点，研究人员在喜鹊的脖子上画了一个红点，然后在它前面放一面镜子。如果喜鹊试图用它的喙或爪子去触碰这个红点，就意味着它明白镜子里是自己的影像。如果喜鹊试图触摸或攻击镜子，则测试失败，证明它并不明白镜子中是自己的影像。实验结果显示，有几只喜鹊能从镜子里认出自己。

章鱼能压缩自己的身体以穿过直径只有几厘米的小孔

章鱼的身体非常灵活，它的触手跟它的头一样可以伸缩变形而不会受到伤害。这种特殊能力使得章鱼可以轻易地穿过非常小的孔洞，来逃避追捕！

一只鸽子每年可以产生大约20千克的粪便

鸽子的粪便具有腐蚀性，也就是说，含有能够腐蚀石头、金属、油漆等物质的元素，包括纪念碑在内都会被它腐蚀。但对花园泥土来说，鸽子的粪便是上好的肥料！

企鹅会“飞”

与大众的印象不同，企鹅其实不会飞，但会进行短距离滑行，尽管它的翅膀更适合游泳。

小丑鱼可以随意改变身体的性别状态

在一群小丑鱼中，同一时间只会有一对小丑鱼进行繁殖。雌性小丑鱼比雄性体形大。研究人员观察到，当他们将小丑鱼群中的雌性移出时，鱼群中的某条雄性会变成雌性，体形也随之变大。

鳄冰鱼的血液是透明的

对大多数动物来说，血红蛋白有助于将氧气输送到全身，并使血液呈现红色。而鳄冰鱼的血液不含血红蛋白，所以鳄冰鱼的血液不是红色的，而是透明的！它通过皮肤将氧气直接扩散到全身。

来玩个小游戏，看看你掌握得怎么样。

对还是错：

这是一个可以使血液呈现红色的小精灵。

鼯鼠是一种可以在紫外线下发光的哺乳动物

研究人员发现，用紫外线照射鼯鼠时，它身上的部分皮毛会变成令人惊叹的霓虹粉色！据研究人员推测：这种荧光皮毛有助于鼯鼠对夜间环境进行感知与反应，还可以吸收紫外线避免具有紫外光谱视觉的动物，如鸟类等发觉它的存在。

白头海雕的巢可重达3 000千克

这种北美猛禽用树枝筑巢。每年，白头海雕夫妻都会用树枝加固自己的巢，久而久之，它们的巢就变得又大又重，可重达3 000千克。白头海雕的巢是世界上最大的巢穴之一！

非洲巨鼠经训练可以探测地雷

由于具有非常发达的嗅觉，非洲巨鼠能够探测到TNT的气味。TNT是一种放置在地雷中的炸药。非洲巨鼠可以在20分钟内完成大概200平方米区域的探索，而人需要5天。当非洲巨鼠发现地雷，它的重量不足以引爆地雷时，它会在尖叫的同时抓挠地面。接下来的工作就交给排雷人员了！

驯鹿的眼睛在冬天会变色

驯鹿的眼睛在夏季呈金黄色，而到了冬天就变成了深蓝色。驯鹿改变眼睛颜色是为了能够适应北极地区光线的明暗差异：夏季的6个月白天漫长而明亮，而冬季的6个月则短暂而黑暗。

高山蝾螈的妊娠期比大象的还长

这种蝾螈不像其他两栖动物那样产卵或者产出发育不完全的幼体，而是直接生出两个发育完全的幼体。这些小蝾螈需要2～4年才能在母亲的子宫中发育完成，相较而言，小象只要不到1年！

蛇和蜥蜴有两根阴茎

在哺乳动物的发育中，阴茎由同期形成尾巴的细胞群形成。但在爬行类动物蛇和蜥蜴中，阴茎来自形成后腿的细胞群（尽管蛇已经没有腿了）。因此蛇和蜥蜴有两根阴茎。

吼猴的叫声至少可以传到3千米外

当植被过于茂密时，吼猴无法通过眼睛来定位，就会通过吼叫声来相互交流。吼猴的喉咙中生有特殊的结构，可以将吼叫声放大数倍，这使得在吼叫方面几乎没有动物能比得过它们。整个丛林都被迫听它们的“音乐会”……

老鼠其实不喜欢奶酪

与普遍的看法相反，老鼠其实不喜欢奶酪，因为它们的嗅觉太过灵敏，奶酪的气味对它们来说太过浓烈了。另外，老鼠以谷物、种子、蔬菜和水果为主要食物，天天吃都不会腻！

细鳞太攀蛇是世界上最毒的蛇

细鳞太攀蛇生活在澳大利亚，其毒性是眼镜蛇的25倍，一次喷射的毒液就可以杀死100个人或25万只老鼠。所以，就算带了解蛇毒的药，也不要冒险踏入细鳞太攀蛇出没的地方！

老虎捕猎，10次中有9次失败

虽然老虎弹跳高度超过4米，还会游泳、爬树，但老虎选择单独捕猎而非团队合作，这就决定了它在捕猎中难免处于劣势。而且老虎捕猎持久性太差，只要猎物拖的时间够长就可以躲过老虎的追捕！

海龟憋气可以长达4个小时

海龟为了适应海洋生活，进化出能够在泄殖腔储存大量氧气并限制身体中氧气消耗的能力。储备的这些氧气使海龟能够在两次呼吸之间进行很长时间的潜水活动。

喙头蜥是一种长着三只眼睛的爬行动物

喙头蜥在恐龙时代就已经存在了，现在只能在新西兰发现它们的踪迹。喙头蜥的头骨顶部有第三只眼睛，被称为顶眼或松果眼。幼年喙头蜥的顶眼很明显，而成年喙头蜥的顶眼则被皮肤覆盖。另外，顶眼只具有感知光线的功能，并不能让它们的视野更广。

但是，佩德罗，我是你的朋友！你为什么要吐我？
对不起！我的胃出了点儿小问题。

当受到威胁时，红头美洲鹫会向攻击者呕吐

你知道吗？有的秃鹫用呕吐抵御掠食者，红头美洲鹫就是这样的。这种动物在美洲很常见。它吐出的东西，被消化了一半，所以闻起来很臭，让所有掠食者都望而却步。如果红头美洲鹫把呕吐物喷到敌人的脸上，其中的胃液甚至有可能会灼伤它们！

奶牛的叫声因地区而异

语言专家猜测，这种现象可能是因为奶牛在和牧民长期的紧密接触中，学会了“模仿”牧民的口音！

①：这个词对应的是维京人，维京人的老家在今丹麦、挪威、瑞典等北欧地区。——编者注

奶牛可以站着睡觉

奶牛每天大约睡8小时，但不是连续的！它们的睡眠是断断续续的。白天，它们会进行几次小憩。其间，它们通常会保持站立的状态！

奶牛听音乐会产更多的奶

英国的一项研究表明，播放音乐时，奶牛比平时更愿意去挤奶厅。在用泵奶器挤奶的过程中，奶牛的心理压力更小，奶的产量会增加3%。请注意，它们更喜欢古典音乐而不是说唱音乐！

澳大利亚有种巨型蚯蚓长达3米

澳大利亚有种巨型蚯蚓，俗称“吉普斯大蚯蚓”，平均长80～100厘米，但有的标本长达3米。现在，这种蚯蚓已经被收录进《世界自然保护联盟濒危物种红色名录》里了。

袋熊的便便是立方体形的

研究人员发现袋熊肠道的不同区域厚度不同，这可能是它的便便逐渐受力被挤压成立方体的原因。立方体形的便便对袋熊来说非常实用，因为袋熊会将它们堆叠成小墙，用来标记领地。

每只斑马身上都有独特的条纹

目前，研究人员也不确定斑马为什么会长出条纹。最有说服力的解释是，条纹可以让它们免于被苍蝇骚扰。苍蝇讨厌降落在有条纹的物体表面上。

蜜獾是人类之外唯一可以向后奔跑的陆地哺乳动物

蜜獾是獾的一种，它会爬树袭击蜂巢（因为它喜欢吃蜂蜜），会以超快的速度挖洞，还会攻击比自己大的猎物（如牛羚或羚羊），能从蛇的攻击中幸存下来，还可以向后跑！可以说蜜獾的本领多得不用愁！

100%错误的说法：

人们相信蜜獾可以倒着跑，事实上，它只是在跳太空步。

阿尔夫·鲍勃

阿尔夫·鲍勃于1974年出生于圣艾蒂安，是Vide Cocagne、Jarjille和Futuropolis等出版社的连环漫画的作者。

他也是一名插画家，主要为Influenza Records唱片公司设计唱片封面。

它们说……

第21页最有意思！其他的都很无趣。
不准取笑我的口音！
一本关于动物的书，却一次都没有提到我这个草原之王，太不严谨了！
我学到了很多东西！
妈妈！